yukismart.com/b/6b04e0
AF394565
1
2

bambina

fată

bambino

băiat

mamma

mami

papà

tati

giovane

tânăr

vecchio

bătrân

bambino

copil

adulto

adult

accettare

a accepta

rifiutare

a refuza

sì

da

no

nu

sorridere

a zâmbi

piangere

a plânge

felice

fericit

triste

trist

solo
singur

insieme
împreună

rumore

zgomot

silenzio

liniște

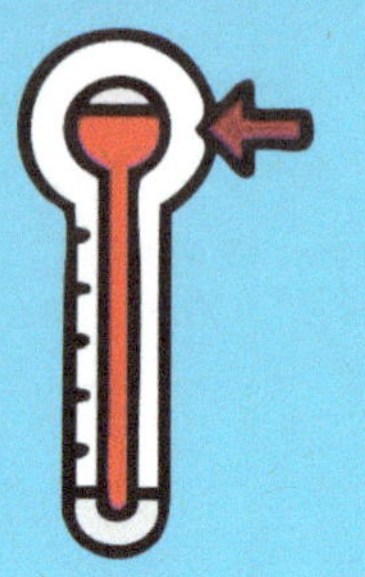

caldo

fierbinte

freddo

rece

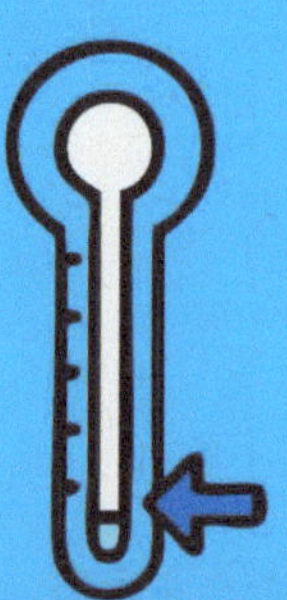

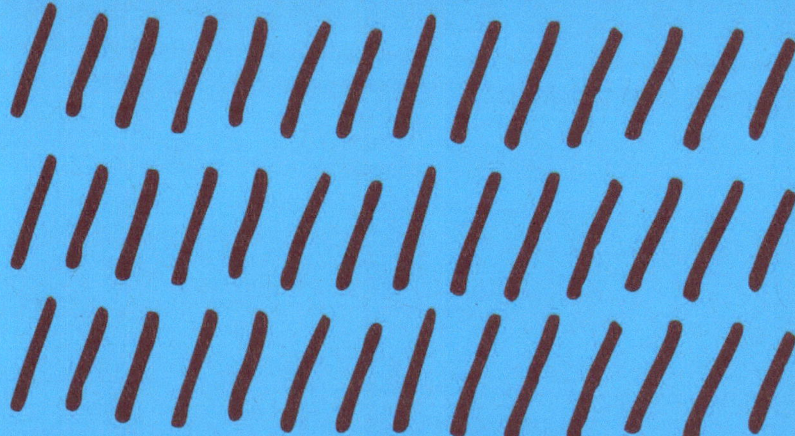

poco

puțin

tanto

mult

solido

solid

liquido

lichid

corto

scurt

lungo

lung

lento

încet

veloce

rapid

minuscolo

minuscul

piccolo

mic

grande

mare

enorme

imens

dentro

înăuntru

fuori

afară

gonfio

umflat

sgonfio

dezumflat

sopra

pe

sotto

sub

sporco

murdar

pulito

curat

identico

identic

diverso

diferit

sinistra

stânga

destra

dreapta

$1 + 1 = 5$

$1 + 1 = 2$

sbagliato

greșit

corretto

corect

sottile

subțire

spesso

gros

facile

ușor

difficile

dificil

chiudere

închis

aprire

deschis

alto

înalt

basso

scund

sano

săn ătos

malato

bolnav

giorno

zi

notte

noapte

giocare

a se juca

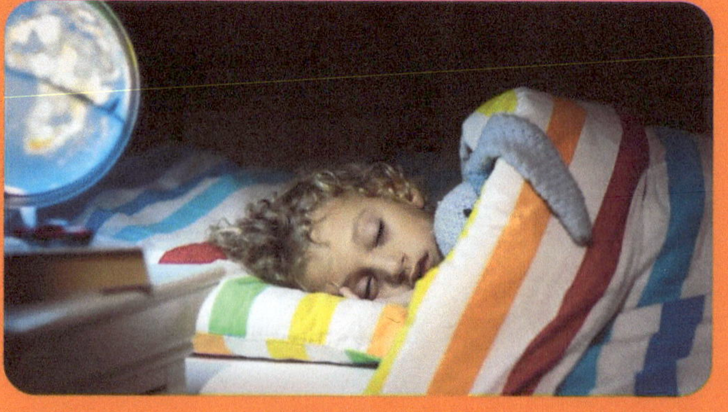

dormire

a dormi

soleggiato

însorit

nuvoloso

noros

piovoso

ploios

tempestoso

furtunos

bianco

alb

nero

negru

colori chiari

culori deschise

colori scuri

culori închise

dolce

dulce

aspro

acru

salato

sărat

amaro

amar

intero

întreg

metà

jumătate

pieno

plin

vuoto

gol

mangiare

a mânca

bere

a bea

vicino

aproape

lontano

departe

lì

acolo

qui

aici

alzarsi

a se ridica

sdraiarsi

a se întinde

sedersi

a sta jos

capelli ricci

păr creț

capelli lisci

păr drept

fradicio

înmuiat

bagnato

ud

asciutto

uscat

davanti a

în fața

dietro

în spatele

tra

între

accanto

lângă

tetto
acoperiș

pavimento
podea

pesante

greu

leggero

ușor

fragile

fragil

robusto

robust

debole

slab

forte

puternic

appuntito

ascuțit

morbido

moale